AF257354

MA TRAHISON [1]

LETTRE A MES ÉLECTEURS

PAR

M. DUGUÉ DE LA FAUCONNERIE

DÉPUTÉ DE L'ORNE

Messieurs,

Vous savez tous que, dans ces derniers temps, j'ai, à plusieurs reprises, hautement déclaré qu'en présence des volontés manifestées dans les élections par le suffrage universel, j'étais fermement résolu à ne faire aucune opposition systématique à la république et cela pour deux raisons : la première, que si la république arrive à se fonder, c'est qu'elle aura fait le bien du pays, auquel cas tous les bons citoyens devront se réjouir ; la seconde, que si la république sombre encore

---

[1] Je tiens à adresser à mes amis politiques la lettre que je viens d'écrire à mes électeurs.

De cette façon — je l'espère — ils me liront avant de me juger, et, après m'avoir lu, ils voudront bien reconnaître que si je me sépare formellement de quelqu'un, ce n'est pas de mon parti.

une fois, nous aurons d'autant plus de chances de voir le suffrage universel se retourner vers l'Empire que les impérialistes se seront montrés plus respectueux de la volonté du peuple, même quand cette volonté leur était contraire.

A cette déclaration honnête, loyale et désintéressée plusieurs de mes amis politiques ont répondu par des injures, prononçant les mots de désertion, de défection, de trahison, et cela, je peux l'affirmer, alors que ceux qui parlaient le plus haut, n'avaient pas même pris la peine de lire ma brochure.

J'aurais rougi de descendre à des explications vis-à-vis de ceux qui m'attaquaient ainsi sans mesure et sans justice, mais j'ai le devoir de m'expliquer vis-à-vis de vous, mes électeurs et mes amis, à qui je dois d'être ce que je suis, qui seuls avez le droit de me demander des comptes, à qui seuls j'ai le devoir d'en rendre.

Je sais bien que vous êtes trop sages pour vous être laissé troubler par des attaques dont je vais vous dire le mobile, mais c'est un motif de plus pour que je tienne à justifier votre confiance par une explication nette et précise.

Oui, j'ai dit que, puisque le suffrage universel, c'est-à-dire le peuple, prouve qu'il veut actuellement la république en nommant partout des républicains, notre devoir à nous, qui nous sommes constamment dits les serviteurs respectueux et soumis de la volonté nationale, est de ne pas entraver le fonctionnement des institutions républicaines.

Je l'ai dit et, en tenant ce langage, j'ai la

prétention de n'avoir été ni un renégat ni traître.

Un renégat et un traître, c'est l'homme qui méconnaît et foule aux pieds les principes qu'il a constamment invoqués et défendus ; ce n'est pas moi, puisque le suffrage universel est le principe que j'ai constamment invoqué et que c'est devant lui seul que je m'incline aujourd'hui.

Un renégat et un traître, c'est l'homme qui donne successivement des gages à tous les partis, fait des professions de foi suivant les circonstances et se déclare indifféremment républicain, impérialiste, orléaniste ou royaliste, selon qu'il croit que c'est utile pour se faire nommer député ; ce n'est pas moi, puisque je suis député et qu'il n'est au pouvoir de personne de m'empêcher de l'être jusqu'en 1881.

Un renégat et un traître, c'est l'homme dont l'ambition est la seule boussole, l'intérêt personnel le seul guide et qui se tourne toujours vers le soleil levant, aujourd'hui pour la république, comme il était hier pour l'Empire, comme il serait demain pour Henri V si l'on refaisait la monarchie ; ce n'est pas moi puisque, vous le savez bien, personne, depuis le 4 septembre, n'a fait à la république et aux républicains une guerre plus ouverte que celle que je leur ai faite, tant que le suffrage universel n'avait pas parlé et qu'aujourd'hui même, je m'engage à ne rien demander pour moi au gouvernement actuel, engagement que, soit dit en passant, ceux qui me suspectent et m'injurient ne voudraient certes pas tous prendre.

Un renégat et un traître, c'est l'homme qui brûle ce qu'il adorait et ne rougit pas de se faire le détracteur et l'insulteur de ceux dont il était le serviteur et l'ami ; ce n'est pas moi, car vous savez bien que l'on me couperait en morceaux plutôt que de me faire dire un mot qui ne soit pas profondément respectueux de ceux que j'ai servis et que j'aime.

Enfin, un renégat et un traître, c'est l'homme qui renie d'anciennes affections au profit d'affections nouvelles, et, non content d'abandonner ses amis, est disposé à se faire l'instrument et le complice des passions et des violences de leurs adversaires ; ce n'est pas moi, puisque dans toutes les questions de personnes qui s'agitent si tristement et depuis si longtemps à la Chambre, je défie que l'on me cite un cas où j'aie abandonné mes amis.

Non, Messieurs, je n'ai rien renié ni de mes principes, ni de mes affections, ni de mon passé, et la preuve, c'est que je n'ai pas à retrancher un seul mot de ce que je vous ai dit depuis dix ans. Voyons, en effet, si vous le voulez bien, mes déclarations de toutes les époques.

En 1870, M. Gambetta est à la tribune où il fait un grand discours à propos du plébiscite, et, à un moment, se tournant vers la droite il s'écrie : « Mais enfin, si le suffrage universel vous apportait un jour la république, vous inclineriez-vous ?... » Je me lève et je réponds à M. Gambetta : « C'est évident que nous nous inclinerions, car c'est notre droit divin à nous que la volonté nationale : nous n'en connaissons pas d'autres ! »

et M. Gambetta me répond : « Je prends acte de cette déclaration et suis heureux de l'avoir provoquée ! »

Tout cela est au *Journal officiel* du 5 avril 1870.

En 1871, en refusant toute candidature à l'Assemblée nationale, par cette raison que les circonstances ne me paraissent pas de nature à laisser à la nation une assez grande somme de liberté morale et matérielle pour assurer l'autorité de son verdict, je dis que je me réserve pour l'époque où le pays pourra librement faire entendre sa voix, et voici mes propres paroles : « *Ce jour-là on me retrouvera sur la brèche tout prêt à soutenir le gouvernement,* QUEL QU'IL SOIT, RÉPUBLIQUE OU MONARCHIE, *pourvu qu'il ait puisé dans le suffrage universel la seule légitimité qui puisse nous délier de nos engagements, nous rendre notre liberté et faire de notre concours, au milieu des crises terribles que traverse notre pauvre pays, un devoir de patriotisme et d'honneur.* »

Quelques mois après, je me présente au Conseil général, et à ceux qui se placent au point de vue de mes opinions politiques pour combattre ma candidature je réponds : « *On a raison de dire que je suis bonapartiste si, par là, on entend qu'ayant été attaché à l'Empereur au temps de sa prospérité, je ne serai jamais de ceux qui l'insultent, aujourd'hui qu'il est malheureux !... mais on mentira si, en me présentant comme bonapartiste, on veut prétendre que, plaçant mes sympathies personnelles au-dessus du vœu national, je m'obstinerais à faire de l'opposition au gouvernement,* QUEL QU'IL SOIT, QUE LE SUFFRAGE UNIVERSEL AURAIT CHOISI ! »

Au cours de la même campagne électorale, dans un placard de la dernière heure, voici ce que je dis :

« *Ma profession de foi politique est bien simple.*

« *Tous les intérêts de gouvernements* OU DE DYNASTIES *doivent s'effacer devant l'intérêt de la* FRANCE !

« *Au-dessus de tous les* SOUVERAINS *il y a le peuple !*

« *Au-dessus de tous les* SENTIMENTS *et de toutes les* OPINIONS PERSONNELLES *il y a* LA VOLONTÉ NATIONALE !

« *Aussi quand on vous aura consultés, le gouvernement de votre choix quel qu'il soit,* RÉPUBLIQUE OU MONARCHIE, *pourra compter sur mon concours !* »

En 1874, mon mandat de conseiller général est expiré, j'en demande le renouvellement, et voici un passage de ma circulaire :

« *Le seul gouvernement capable de nous rendre le calme, la confiance et la prospérité perdus, sera celui que le peuple choisira, parce que seul il aura le droit de dire aux autres :* « *Je ne suis pas le gouvernement d'un parti ou d'une coterie, je suis le gouvernement de tous, et tous ont un droit égal à ma sollicitude et à ma protection ; mais tous ont aussi le devoir de respecter mon autorité, sous peine d'être traités par moi comme des insurgés contre la volonté nationale.*

« *Ce gouvernement-là, Messieurs,* QUEL QU'IL SOIT, *pourra compter sur moi ; mais je désire que ce soit l'Empire !* »

En 1876, aux élections législatives, je pose

ma candidature exactement dans les mêmes termes :

« RÉPUBLIQUE OU MONARCHIE, *quand la nation aura parlé, j'obéirai !* »

Et quelques mois après les élections, alors qu'il y a déjà une majorité républicaine dans l'Assemblée, voici comment je m'exprime dans un banquet de comice agricole :

« *Notre préoccupation dominante, notre préoccupation constante est de chercher l'expression vraie de la pensée de la nation,* POUR NOUS APPUYER SUR ELLE, SI ELLE NOUS EST FAVORABLE, POUR LA SUBIR SI ELLE NOUS EST CONTRAIRE.

« *Eh bien, Messieurs, il n'y a pas d'illusions à se faire sur le résultat des élections dernières ; elles ont été indépendantes, puisqu'elles ont d'une manière générale donné des résultats contraires à ceux que poursuivait l'administration, et il y a sur les bancs de la Chambre une majorité républicaine ; donc, le pays a témoigné la volonté qu'une nouvelle épreuve fût faite, au moins pendant les quatre années de notre législature, de la forme républicaine.*

« *Assurément, Messieurs, ce n'est pas de cette façon que nous aurions voulu voir consulter le pays ; vous savez quels sont à cet égard nos principes et notre sentiment. Mais cela ne nous fait méconnaître ni l'importance, ni la signification des élections dernières. Nous ne leur contestons pas le caractère d'une consultation nationale, l'autorité d'un vœu exprimé par le suffrage universel, et je déclare sans hésitation ni réserve que c'est un devoir impérieux pour nous qui respectons le suffrage univer-*

seι, même dans ce que nous pouvons considérer comme ses entraînements et ses écarts, que c'est un devoir impérieux pour nous de nous incliner devant lui et de nous prêter loyalement à l'épreuve qu'il nous impose. »

Vous voyez que je n'ai pas changé et que je répète seulement aujourd'hui ce que je n'ai jamais cessé de dire. Comment se fait-il que l'on s'indigne si fort maintenant des déclarations que, non-seulement l'on acceptait l'an dernier, mais que l'on publiait avec des éloges dans les journaux du parti?

Je vais vous le dire et de façon à ce que vous le compreniez bien. Tant pis si, pour m'expliquer, je suis amené à descendre sur le terrain des personnalités. C'est la faute de ceux qui m'ont attaqué si je suis obligé de me défendre.

Au premier rang de mes accusateurs s'est placé M. de Cassagnac, et je n'essaierai pas de cacher que c'est avec un chagrin réel que je l'y ai trouvé, non pas à cause de la forme de ses critiques, violentes et agressives comme toutes celles qu'il dirige contre les gens ayant le malheur de ne pas être de son avis, mais parce que je me croyais en droit d'attendre de notre vieille amitié autre chose que cette suspicion brutale de ma fidélité et de mon honnêteté politiques.

Maintenant je dois dire que si j'ai été peiné de voir M. de Cassagnac mêler sa voix honnête, loyale et désintéressée à celles des divers insulteurs que l'on a lâchés contre moi, je n'ai pas été le moins du monde étonné de constater qu'il y eût entre nous un complet désaccord sur la ligne de conduite à suivre, dans les circonstances actuelles, par le parti impérialiste, et cela par une raison que vous allez tous comprendre, vous qui me connaissez depuis mon entrée dans la vie politique.

M. Paul de Cassagnac a déclaré un jour publiquement que, s'il eût vécu du temps de la Vendée, il eût été avec les royalistes contre la république, avec les blancs contre les bleus : or il est bien certain que, moi, j'aurais été, comme y ont été mes grands-pères, avec les bleus contre les blancs, c'est-à-dire avec Bonaparte chef de la dynastie impériale. Voilà ce qui me sépare de M. de Cassagnac et ce qui suffit à expliquer que si nous avons des affections communes, nous ne pouvons pas être d'accord sur la ligne de conduite à suivre.

Mais cela n'empêche pas que je respecte l'opinion de M. de Cassagnac, et de ce qu'il a son impérialisme à lui et que cet impérialisme n'est pas le mien puisque je considère, moi, qu'issus de la Révolution et invoquant le droit populaire nous ne devons, sous aucun prétexte, renier les origines et les principes de notre parti, je ne viens pas de gaieté de cœur suspecter sa probité politique ou contester son dévouement.

Il me semble que M. de Cassagnac eût mieux fait d'agir de même vis-à-vis de moi et, tout en condamnant aussi sévèrement qu'il l'eût voulu la doctrine que je soutenais, de ne pas se croire du moins, à cause de nos divergences, obligé de me traiter de déserteur et d'apostat.

Mais c'est affaire de tempérament et il est probable que, sur ce point comme sur le fond même de la question politique qui s'agite entre nous, nous ne comprenons pas, mon ancien camarade et moi, les choses de la même manière : je n'insiste pas parce qu'en définitive il s'agit ici de divergences théoriques qui s'effaceraient bien vite à un moment donné. Ces divergences tiennent à l'essence même du régime impérialiste, régime intermédiaire entre la monarchie et la république, rendez-vous naturel (je pourrais presque dire refuge) des hommes qui renoncent à la restauration royale parce qu'ils la croient impossible, et des hommes qui renoncent a la république parce qu'ils la croient dangereuse. Lorsque l'Empire est debout, les premiers veulent que l'Empire ressemble le plus possible à l'ancienne monarchie ; les seconds veulent, au contraire, que l'Empire ressemble le plus possible à la république. De même dans l'opposition : les uns semblent tout près de s'entendre avec les royalistes ; les autres semblent, au contraire, incliner vers les républicains.

L'existence de ces deux courants est la condition même de l'existence de l'impérialisme, conciliateur naturel de l'ancien régime et du nouveau ; il ne faut donc ni s'étonner de dissidences qui sont dans la nature des choses, ni encore moins s'alarmer du choc plus ou moins violent de convictions également profondes, également respectables.

La seule chose que l'on puisse véritablement déplorer, c'est qu'il ne puisse pas s'élever un désaccord entre deux membres de notre parti sans que l'un des deux accuse aussitôt l'autre de défection et de faiblesse.

Mais à côté de ces deux impérialismes qui reposent sur des convictions passionnées, il en est un autre qui s'est également montré fort sévère à mon endroit dans ses journaux, ses correspondances et ses salons.

Ici, je dois le dire, les calomnies et les injures ne m'ont pas plus affligé qu'elles ne m'ont étonné, connaissant les gens comme je les connais, mais ce n'est point une raison pour que je laisse sans réponse ces injures et ces calomnies, puisque aussi bien ce me sera le meilleur moyen d'établir nettement et sans qu'il puisse y avoir cette fois d'équivoque, la vérité sur l'attitude que j'ai prise et sur les motifs qui me l'ont fait prendre.

Vous verrez, en effet, Messieurs, par ce que je vais vous dire, que si je ne me suis pas séparé de mon parti, comme on essaie de vous le faire croire, j'entends me séparer et radicalement de certaines personnalités de ce parti, estimant en m'en séparant que je donne un nouveau témoignage de la fixité de mes principes et de la sincérité de mon dévouement.

Suivant moi, vous le savez, le grand mérite de l'Impérialisme est d'être tolérant, d'être ouvert à tous, d'accueillir avec un égal empressement les conservateurs alarmés qui lui viennent de droite et les républicains désabusés qui lui arrivent de gauche; en un mot, d'être le gouvernement de tout le monde et le conciliateur de tous les intérêts.

Voilà comment j'ai toujours compris l'Empire ! Mais il y a des gens qui le comprennent autrement et se sont petit à petit habitués à le considérer comme leur chose à eux, comme leur patrimoine, comme le champ que seuls ils ont le droit de labourer à leur guise. Quiconque fait mine d'y entrer n'est pas une recrue que l'on accueille avec sympathie, c'est un partageant nouveau qu'il s'agit d'écarter ; quiconque se montre mécontent cesse d'être un ami que l'on doive apaiser et retenir, c'est un partageant qui s'en va et dont il faut fêter le départ.

Voilà comment ceux qui m'attaquent comprennent l'Empire, et c'est pour cela qu'ils m'attaquent.

Ce sont eux qui, sous l'Empire, faisaient traquer comme des suspects et maltraiter comme des ennemis par certains journalistes, pensionnaires des fonds secrets que je pourrais nommer, les amis de la première heure comme ceux de la dernière, les Morny, les Persigny, les Niel, les Haussmann, les Waleski, les Schneider, les Fleury, les Drouyn de Lhuis, les Magne, les Pinard, les Ollivier et combien d'autres, car il serait en vérité plus court de nommer ceux qui n'ont point été en butte aux intrigues et aux persécutions des gens dont je veux parler que de chercher à les nommer tous.

Chasser les anciens, éloigner les nouveaux, faire le vide autour du souverain, l'isoler de plus en plus et assurer le triomphe de la camarilla : telle fut leur politique. Vous en savez les resultats !

Après la chute de l'Empire, on pouvait espérer que cela allait changer. Dans l'opposition, dans le malheur si vous voulez, on serre les rangs et l'on s'efforce de conserver les amis anciens et d'en chercher de nouveaux. Depuis qu'il y a des partis, les choses se sont passées ainsi : mais ces messieurs ont changé cela, et depuis la catastrophe il semble que la camarilla soit devenue plus intolérante et ait fait l'Eglise plus étroite.

Leur politique consiste maintenant à attaquer de parti pris tout ce qui se fait, à nier que rien puisse se tenter de pratique ou d'utile sous un autre gouvernement que leur petit empire à eux. En un mot, ils entendent que la vie de la nation soit suspendue jusqu'au jour de leur restauration.

Ecoutez-les parler : toutes les lois sont mauvaises, toutes les mesures sont stupides, les projets de travaux publics sont des aventures, les combinaisons financières nous mènent fatalement à la ruine, tous les hommes au pouvoir sont des spéculateurs, les élections n'ont aucune signification, l'Exposition ne peut pas, ne doit pas réussir, elle n'en a pas le droit ! Seules les souffrances sont réelles et doivent toutes, sans exception, être portées à l'actif de la république. D'ailleurs, qu'importent les souffrances ? ne faut-il pas que la France périsse dès qu'il n'y a pas un Empereur sur le trône et un vice-empereur à côté ?

Eh bien, je dis que cette politique n'est pas seulement antipatriotique, ce qui suffirait à m'en éloigner ; j'ajoute qu'elle est souverainement maladroite, qu'elle a plus contribué que toute l'habileté de M. Gambetta à discipliner la majorité républicaine, qu'elle a plus contribué que nos malheurs à désagréger notre parti, qu'elle fait descendre l'impérialisme des hautes régions où deux grands règnes l'avaient placé pour l'enfermer dans une petite chapelle où l'on prend l'intolérance pour la foi, le dénigrement pour l'opposition, les commérages pour des négociations, l'intrigue pour la politique, les rancunes pour des principes, et pour tout dire d'un mot une personnalité, une seule pour l'incarnation d'un parti tout entier.

C'est de cette petite chapelle que sont parties contre moi ces mille calomnies, ces mille insinuations, ces mille perfidies dont je connais également bien les origines et le but. C'est de là qu'on m'a envoyé cette mise en demeure étrange : « Puisque vous n'êtes pas de notre avis, allez tout à fait à gauche et faites-vous républicain! » Songez donc ! quel triomphe ! faire partir aussi Dugué ! l'éloigner après tant d'autres ! Quelle aubaine !

Eh bien ! non, mes braves gens, je ne me fais pas républicain et je reste impérialiste à ma façon. Comme je ne vous ai jamais rien demandé, que je n'ai jamais rien reçu de vous et que dès lors, entre vous et moi, c'est vous qui êtes les obligés, personne de vous n'a le droit de m'imposer un mot d'ordre, et je n'en accepte pas. Que d'autres se contentent d'obéir, moi je sers à ma façon et j'ajoute que ce droit, dont j'entends user, d'être impérialiste de la manière que je veux l'être, je l'ai acheté par vingt années d'une fidélité qui ne s'est jamais démentie, qui ne s'est même jamais manifestée plus hautement qu'à l'heure de la catastrophe, c'est-à-dire à un moment où MM. les intolérants d'aujourd'hui montraient beaucoup plus de réserve.

Non, non, malgré leur permission, je ne sors pas de l'impérialisme. Je demeure respectueux de la mémoire de Napoléon III et j'estime que je lui donne la plus grande marque de ce respect en défendant, en dépit des suscipions et des injures, la vraie tradition de l'Empire contre l'exclusivisme qui la fausse et la dénature.

D'ailleurs qui leur donne donc, aux gens dont je vous parle, le droit d'être si fiers, si hautains et de prétendre ainsi à une obéissance passive?

Quels sont les services qu'ils ont rendus au parti depuis 1871?... Qu'ils nous montrent leurs recrues ou, à défaut de ces recrues, leurs efforts pour en faire, car enfin on voit bien tous les gens qu'ils ont mécontentés et découragés, mais on ne voit pas ceux qui sont venus.

Quelles sont les relations qu'ils ont nouées? quelles sont les négociations qu'ils ont entamées?... quels sont les concours qu'ils se sont préparés?... où est le personnel avec lequel ils gouverneraient s'ils revenaient au pouvoir?

Quels sont, à un autre point de vue, les grands personnages, les hommes d'Etat, les diplomates qui sachent seulement aujourd'hui le chemin de cette petite Eglise, comme ils ont su jadis, sans jamais l'oublier, même aux jours de la disgrâce et de la déchéance, le chemin des maisons où demeuraient les Guizot, les Thiers et tous ces hommes qui, sous d'autres régimes, avaient occupé de grandes situations et joué un grand rôle dans l'Etat?... quels sont enfin dans le parti, dans la famille même du Prince, les hommes, même les plus fidèles, dont les pontifes de la petite Eglise n'aient pas lassé la patience?

Il ne dépendait pas d'eux, — et fort heureusement,—de décourager les dévouements, mais il dépendait d'eux d'énerver tous les bons vouloirs : ils n'y ont pas manqué.

Et si encore on pouvait dire que, de leur part, il y a inconscience, mais pas du tout, c'est un système.

Exclure aujourd'hui, comme ils excluaient sous l'Empire, toujours exclure, voilà leur mot d'ordre ! faire de l'impérialisme un tout petit parti, moins que ça, une coterie, voilà leur politique !

Eh bien, c'est contre ce mot d'ordre, c'est contre cette politique que je proteste et je ne fais en cela rien de plus que dire tout haut ce que disent constamment entre eux les quatre cinquièmes des impérialistes. Et encore une fois, si je me décide à le dire tout haut, c'est parce que l'on m'y a forcé par un système d'attaques et de calomnies sous le coup desquelles je ne voulais pas rester vis-à-vis de vous.

Du reste, puis-je causer un préjudice quelconque à mon parti en sortant ainsi publiquement de la résignation silencieuse avec laquelle l'immense majorité des impérialistes a supporté le joug dont je parle?..... Je sais bien que c'est là l'opinion d'un grand nombre de mes amis qui sont venus me dire après la publication de ma brochure : « Vous avez raison d'un bout a l'autre, mais il ne fallait pas le publier ! » Moi je crois fermement le contraire, et je suis convaincu que le parti impérialiste gagnerait singulièrement en prestige et en force, le jour où sur ce point chacun de nous aurait le courage de dire, pour le pays et pour le Prince, le fond de sa pensée.

Bien loin d'être un danger, la sincérité a l'avantage de répondre à ceux — et le nombre en est grand — qui sont éloignés de l'impérialisme par cette seule raison, que l'on s'obstine à l'incarner dans une personnalité, dont je ne conteste ni le talent, ni le mérite, mais dont personne ne peut nier l'impopularité dans le parti et hors du parti.

C'est donc comme impérialiste que je demande à voir l'impérialisme cesser d'être figé dans cette politique d'exclusivisme, d'intolérance et de rancunes qui a fait tant de mal à l'Empire, pour reprendre sa grande tradition de démocratie et de patriotisme.

C'est comme impérialiste que je veux entendre dire au nom du Prince impérial ce que disait le premier consul, son grand-oncle, ce qu'a dit Napoléon III, son père : « Le bien du pays avant tout, l'Empire après! »

Voilà la tradition impérialiste, et c'est au nom de cette tradition que je proclame la nécessité de respecter les volontés manifestées par le suffrage universel, de ne pas empêcher le bien que la république peut faire, si elle peut le faire, et de ne pas lui créer, par une opposition taquine et de parti-pris, des embarras et des difficultés.

C'est au nom de cette tradition que je dis aux républicains : « Faites le bien du pays et nous resterons avec vous, car ce que nous voulons par-dessus tout, c'est le bien de la France. Mais si vous échouez, ne soyez pas moins patriotes que nous sommes ; résignez-vous comme nous nous résignons. Oubliez votre parti pour ne voir que votre pays. Nous sommes à nous deux, république et Empire, la démocratie tout entière. Unissons-nous dans une pensée de salut, sous la république si vous pouvez la fonder, sous l'Empire si par votre faute il vous succède. »

Voilà ce que j'ai dit aux républicains et rien de plus, et savez-vous pourquoi ils m'ont bien accueilli? C'est qu'ils savent que je n'entre dans la place ni pour la livrer ni pour partager les vivres, et que je n'attends et que je ne veux rien d'eux pour moi-même; c'est qu'ils savent également que je suis absolument sincère dans mes déclarations et que j'ai l'honnêteté de vouloir avant tout le bonheur de mon pays, même par eux, même sans nous, même au sacrifice de mes affections et de mes espérances.

L'attitude que j'ai prise est donc conforme a mes déclarations antérieures, à la vraie tradition de l'Empire, tel que le comprenaient Napoléon Ier et Napoléon III, au véritable intérêt de l'impérialisme; mais n'est-elle pas conforme aussi à vos intérêts et à vos désirs? C'est ce que nous allons voir.

Pourquoi m'avez-vous nommé?...... Quel mandat m'avez-vous donné?

M'avez-vous chargé de combattre quand même la république et les républicains? M'avez-vous donné mission de repousser les lois utiles, par cela seul qu'elles seraient présentées par les républicains et de voter les lois mauvaises par cela seul qu'elles pourraient faire du tort à la république? En un mot, m'avez-vous donné mandat d'amener à tout prix un changement de gouvernement, au risque de provoquer une crise nationale?

Non, ce n'est pas là ce que vous attendiez de moi. Je puis l'affirmer hautement, car je vous connais depuis longtemps et je sais bien votre manière de voir.

Il y a des gens pour lesquels la politique est un luxe, une distraction et une carrière. Ceux-là ont le loisir de fronder et de taquiner les gouvernements en exposant le pays à des catastrophes dont ils profitent pour avoir des places et des honneurs. Mais vous, mes amis, vous n'êtes pas de ceux-là; les choses de gouvernement ne sont pas pour vous affaires de sentiment, mais affaires d'intérêt; vous ne gagnez rien aux révolutions, ni honneurs, ni argent, ni places, et vous payez les frais.

Voilà pourquoi — ainsi que je vous l'ai dit cent fois — le meilleur cheval pour vous est celui qui se vend le plus cher, le meilleur champ celui qui vous rapporte davantage, et le meilleur gouvernement celui qui vous permet le mieux de faire vos affaires.

Voilà votre politique et c'est aussi la mienne, car je serais un mandataire infidèle si je sacrifiais vos intérêts à la satisfaction de faire du bruit.

Sans doute, je pourrais, comme d'autres, faire de l'opposition quand même; je pourrais déclarer la guerre au pouvoir établi et me faire un mérite dans les journaux et les salons de la petite Église bonapartiste, de mon opposition systématique.

Quels risques courrais-je?... Aucun ! puisque j'ai de quoi vivre et que je ne veux rien pour moi-même du gouvernement établi. Et, au lieu de m'injurier et de me traiter en re-

négat, on dirait : « Quel homme que ce
M. Dugué ! quelle ardeur ! quel courage ! »
Mon amour propre serait satisfait dans le
présent et je me préparerais un avenir à la
chute de la république.

Mais si je faisais cela, je sacrifierais vos
intérêts à mes passions, et je n'en ai pas le
droit. Au lieu d'user de l'influence que vous
m'avez donnée pour obtenir du gouvernement de bonnes lois ou pour faire auprès de
l'administration les démarches que vous me
demandez constamment de faire, je n'em-
ploierais cette influence qu'à mon profit et à
votre détriment.

Il est vrai que je récolterais les éloges de
certains de mes amis qui m'attaquent aujourd'hui, mais vous, mes électeurs, vous
auriez le droit de vous plaindre et de dire :
« Nous n'avons pas nommé notre député pour
qu'il jette le trouble et qu'il empêche le bien,
si le bien est possible ; nous l'avons nommé
pour qu'il fasse nos affaires. Il a ses préfé-
rences politiques, et nous les partageons ;
mais ce n'est pas une raison pour qu'en cher-
chant à plaire à quelques personnes qui vi-
vent de la politique et n'ont rien à ménager,
il se mette hors d'état d'obtenir du gouvernement établi ce dont nous avons besoin. »

Voilà ce que vous diriez et ce que vous auriez raison de dire.

Cela n'empêche pas de conserver dans son
cœur les souvenirs respectueux et reconnais-
sants de ceux qu'on a servis et aimés, mais
avant tout, il faut penser au pays. C'est là
votre politique, c'est la mienne, c'est celle
de tous les gens raisonnables, et je défie bien

qu'on en fasse recommander une autre par le fils de Napoléon III.

Je défie qu'on lui fasse non pas même dire, mais penser, que l'intérêt de son parti doit passer avant celui du pays ; qu'il faut combattre la république même si elle fait le bien ; qu'il faut provoquer quand même un changement de gouvernement au risque de relever son trône sur les ruines de la patrie. Je défie qu'on lui fasse approuver publiquement l'impérialisme qui, au lieu de faire ce qu'eût fait et fait faire Napoléon III de son vivant, c'est-à-dire de permettre à chacun de comprendre et de pratiquer le dévouement à sa guise, préfère, au moindre dissentiment, excommunier les serviteurs les plus fidèles.

Laissons donc dire les intolérants, et tâchons de bien faire.

Ce n'est pas nous qui avons renversé l'Empire, ce n'est pas nous qui avons proclamé la république, ce n'est pas nous qui avons empêché les élections de 1876 et de 1877 d'être impérialistes.

Prenons donc les choses telles qu'elles sont, et tâchons d'en tirer le meilleur parti possible dans l'intérêt du pays. Si la république fait bien, nous aurons le regret que le bien se soit fait sans l'Empire, mais nous serons consolés en voyant le bien général. Si la république fait mal, le suffrage universel la renversera comme il l'a établie, et ce seront les républicains sages qui seront les premiers à nous aider quand nous essaierons à notre tour d'organiser la démocratie.

Voilà, Messieurs, les explications que je te-

nais, à vous fournir. Vous serez maintenant en
état de répondre à ceux qui m'accuseront devant vous.

S'ils prétendent que j'ai abandonné l'Empire,
RÉPONDEZ-LEUR QUE CE N'EST PAS VRAI,
que je n'ai rien renié ni de mes principes ni de
mes attachements, mais que je me suis affranchi
d'une direction que je trouve fatale aux intérêts de mon pays et à ceux de mon parti.

S'ils prétendent que j'ai manqué à mes engagements, RÉPONDEZ-LEUR QUE CE N'EST PAS
VRAI, que l'engagement formel que j'ai toujours pris ç'a été de me soumettre aux volontés du suffrage universel, et que c'est ce que
je fais.

S'ils prétendent que je suis brusquement
devenu républicain, RÉPONDEZ-LEUR QUE CE
N'EST PAS VRAI, mais que comme le peuple
nomme partout des républicains, et que je ne
crois pas qu'il y ait de gouvernement possible
contre la volonté du peuple, je me soumets
à la république.

S'ils prétendent enfin que je suis *vendu* au
gouvernement actuel, RÉPONDEZ-LEUR QUE
CE N'EST PAS VRAI, et que je ne demande
rien, et que je n'attends rien pour moi de la
république, mais que si je ne demande et si
je n'attends rien pour moi, j'ai le devoir de
demander et d'obtenir pour vous.

D'ailleurs, soyez tranquilles, vous n'aurez

pas longtemps besoin de me défendre parce qu'un temps viendra vite où non-seulement tout le monde vous dira ce que je vous dis aujourd'hui, mais où personne ne comprendra que j'aie pu être injurié pour l'avoir dit.